Impressum
Verlag: BABADADA GmbH, Nedderfeld 112 , 22529 Hamburg
Geschäftsführer / Verlagsleitung: Harald Hof
Druck: Books on Demand GmbH, In de Tarpen 42, 22848 Norderstedt

Imprint
Publisher: BABADADA GmbH, Nedderfeld 112 , 22529 Hamburg, Germany
Managing Director / Publishing direction: Harald Hof
Print: Books on Demand GmbH, In de Tarpen 42, 22848 Norderstedt

koulu
学校

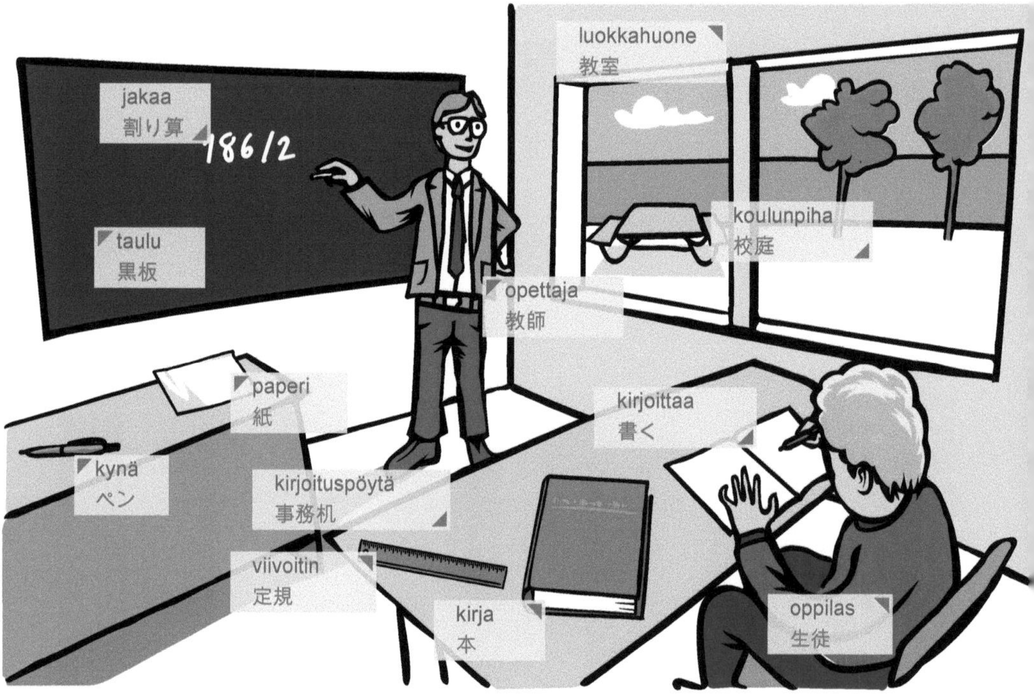
luokkahuone
教室
jakaa
割り算
186/2
taulu
黒板
koulunpiha
校庭
opettaja
教師
paperi
紙
kirjoittaa
書く
kynä
ペン
kirjoituspöytä
事務机
viivoitin
定規
kirja
本
oppilas
生徒

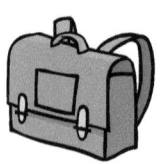

reppu
ランドセル

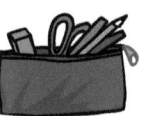

penaali
筆入れ

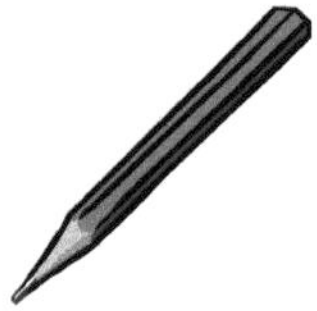

lyijykynä
鉛筆

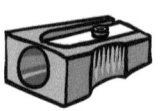

kynänteroitin
鉛筆削り

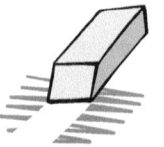

pyyhekumi
消しゴム

piirustuslehtiö
スケッチブック

piirustus

スケッチ

pensseli

絵筆

vesivärit

絵の具箱

sakset

はさみ

liima

接着剤

harjoituskirja

練習帳

kotitehtävä

宿題

luku

数

lisätä

足し算

vähentää

引き算

kertoa

かけ算

laskea

計算する

kirjain

文字

aakkoset

アルファベット

sana

単語

teksti

テキスト

lukea

読む

liitu

チョーク

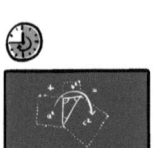

oppitunti

授業

opettajan muistikirja

学級日誌

koe

試験

todistus

通知表

koulupuku

制服

koulutus

教育

sanakirja

百科事典

yliopisto

大学

mikroskooppi

顕微鏡

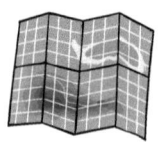

kartta

地図

roskakori

ごみ箱

matka
旅行

hotelli
ホテル
Grand
retkeilymaja
ホステル
ROOMS
CHANGE
rahanvaihto
両替所
matkalaukku
スーツケース
auto
自動車

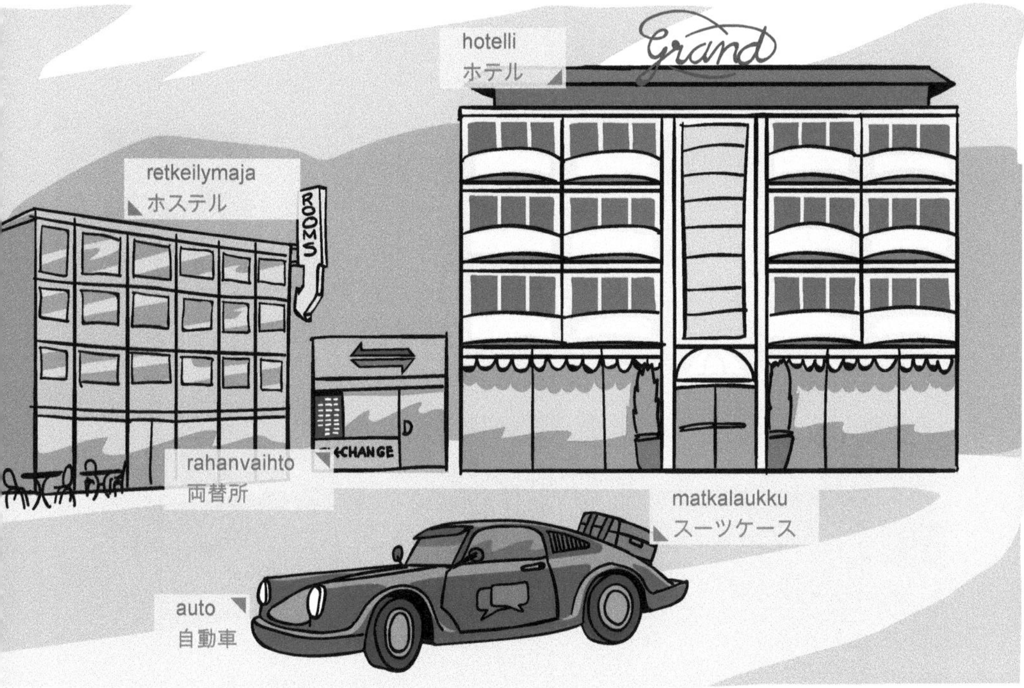

kieli

言語

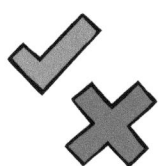

kyllä / ei

はい / いいえ

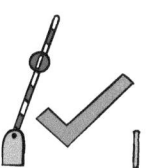

selvä

問題ない

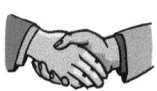

hei

ハロー

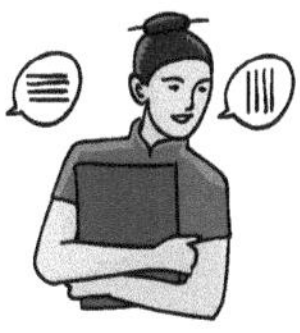

tulkki

翻訳者

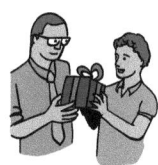

kiitos

ありがとう

Paljonko...maksaa?

...はいくらですか？

en ymmärrä

わかりません

ongelma

問題

Hyvää iltaa!

こんばんは！

Hyvää huomenta!

おはようございます！

Hyvää yötä!

おやすみなさい！

näkemiin

さようなら

suunta

方向

matkatavarat

手荷物

laukku

バッグ

reppu

リュックサック

vieras

お客様

huone

部屋

makuupussi

寝袋

teltta

テント

turisti-info

旅行者情報

ranta

ビーチ

luottokortti

クレジットカード

aamupala

朝食

lounas

昼食

päivällinen

夕食

matkalippu

チケット

hissi

エレベーター

postimerkki

スタンプ

raja

境界

tulli

税関

suurlähetystö

大使館

viisumi

ビザ

passi

パスポート

kuljetus

輸送

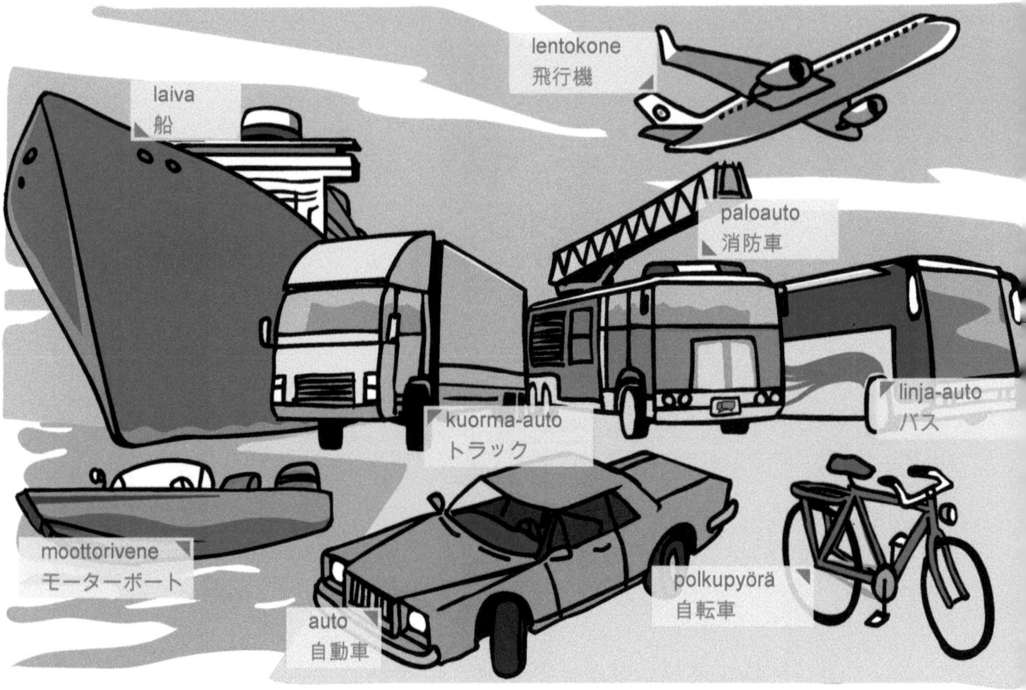
lentokone
飛行機
laiva
船
paloauto
消防車
linja-auto
バス
kuorma-auto
トラック
moottorivene
モーターボート
polkupyörä
自転車
auto
自動車

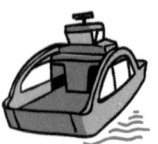

lautta

フェリー

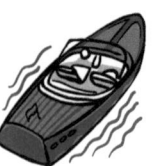

vene

ボート

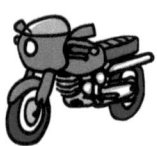

moottoripyörä

バイク

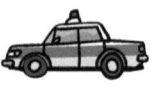

poliisiauto

パトカー

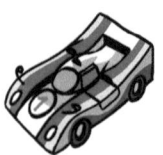

kilpa-auto

レーシングカー

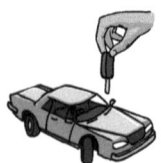

vuokra-auto

レンタカー

car sharing

カーシェアリング

hinausauto

レッカー車

roska-auto

ごみ収集車

moottori

モーター

polttoaine

燃料

huoltoasema

ガソリンスタンド

liikennemerkki

交通標識

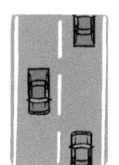

liikenne

交通

ruuhka

渋滞

parkkipaikka

駐車場

rautatieasema

駅

raiteet

道

juna

列車

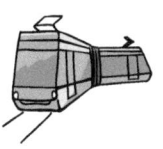

raitiovaunu

路面電車

vaunu

車両

helikopteri

ヘリコプター

lentokenttä

空港

lähilennonjohto

タワー

matkustaja

乗客

kontti

コンテナ

pahvilaatikko

段ボール箱

kärryt

カート

kori

カゴ

nousta / laskea

離陸 / 着陸

kaupunki

都市

kylä

村

keskusta

都心

talo

家

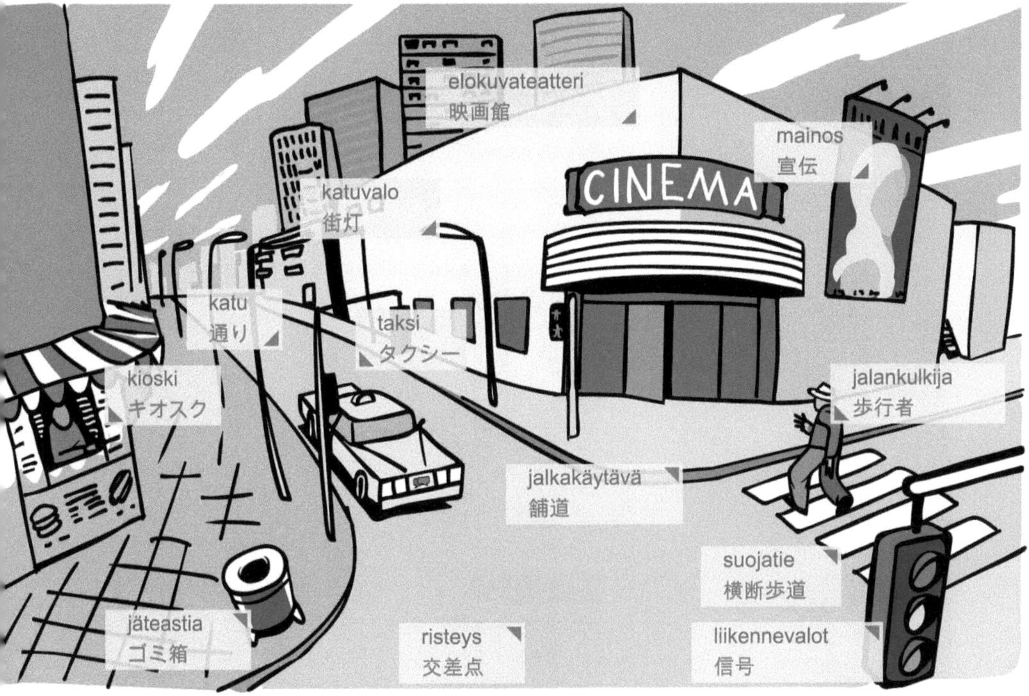

elokuvateatteri
映画館
CINEMA
mainos
宣伝
katuvalo
街灯
katu
通り
taksi
タクシー
kioski
キオスク
jalankulkija
歩行者
jalkakäytävä
舗道
suojatie
横断歩道
jäteastia
ゴミ箱
risteys
交差点
liikennevalot
信号

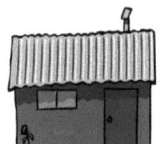

mökki

小屋

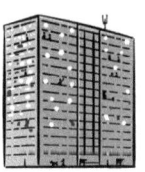

kerrostalo

アパート

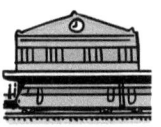

rautatieasema

駅

kaupungintalo

市役所

MUSEUM

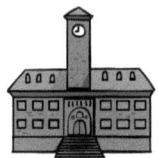

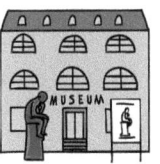

museo

美術館

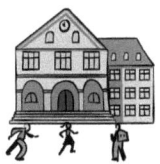

koulu

学校

yliopisto

大学

pankki

銀行

sairaala

病院

hotelli

ホテル

apteekki

薬局

toimisto

オフィス

kirjakauppa

書店

liike

ショップ

kukkakauppa

花屋

supermarketti

スーパーマーケット

tori

市場

tavaratalo

デパート

kalakauppias

魚屋

ostoskeskus

ショッピングセンター

satama

港

puisto

公園

penkki

ベンチ

silta

橋

portaat

階段

metro

地下鉄

tunneli

トンネル

linja-autopysäkki

バス停

baari

バー

ravintola

レストラン

postilaatikko

ポスト

katukyltti

道路標識

parkkimittari

パーキングメーター

eläintarha

動物園

uimala

スイミングプール

moskeija

モスク

maatila

農場

ympäristön saastuminen

汚染

hautausmaa

墓地

kirkko

教会

leikkikenttä

遊び場

temppeli

寺

maisema

風景

lehti
葉

tienviitta
道標

tie
道

niitty
草地

kivi
石

retkeilijä
ハイカー

puu
木

joki
川

ruoho
草

kukka
花

laakso

谷

vuori

山

järvi

湖

metsä

森

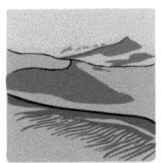

aavikko

砂漠

tulivuori

火山

linna

城

sateenkaari

虹

sieni

キノコ

palmu

ヤシの木

hyttynen

蚊

kärpänen

ハエ

muurahainen

蟻

mehiläinen

ミツバチ

hämähäkki

クモ

kovakuoriainen

カブトムシ

sammakko

蛙

orava

リス

siili

ハリネズミ

jänis

ウサギ

pöllö

フクロウ

lintu

鳥

joutsen

白鳥

villisika

雄豚

peura

鹿

hirvi

ヘラジカ

pato

ダム

tuulimylly

風力タービン

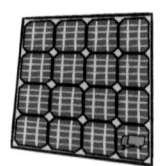

aurinkopaneeli

ソーラーパネル

ilmasto

気候

ravintola
レストラン

tarjoilija
ウェイター
ruokalista
メニュー
tuoli
椅子
keitto
スープ
pitsa
ピザ
pöytäliina
テーブルクロス
ruokailuvälineet
刃物類

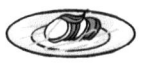

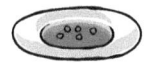

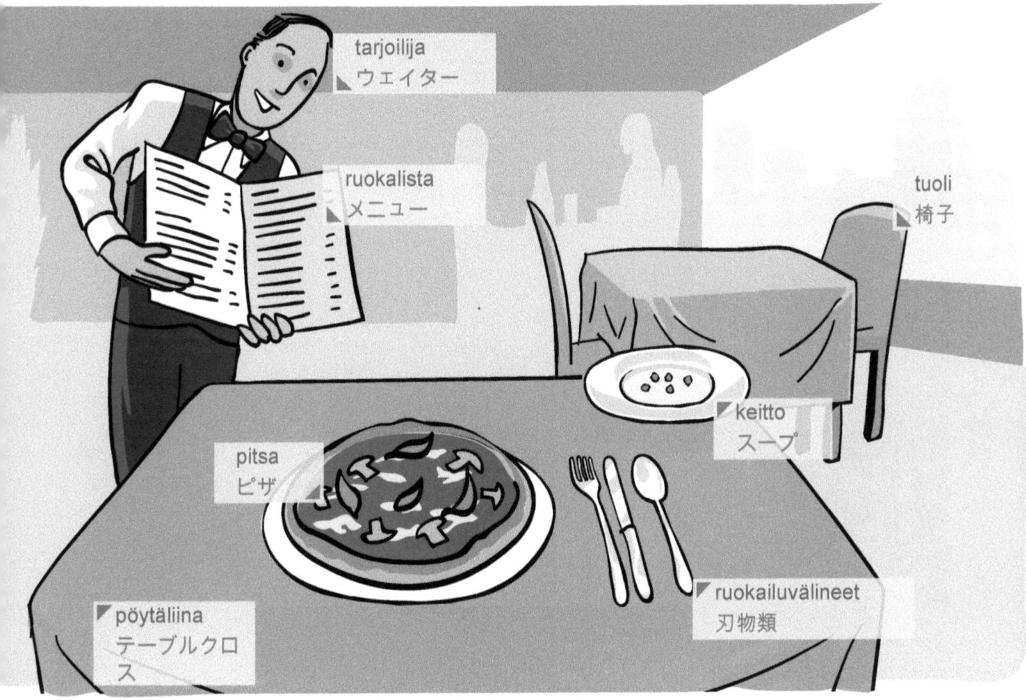

alkuruoka
前菜

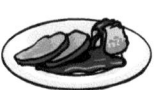

pääruoka
メインコース

jälkiruoka
デザート

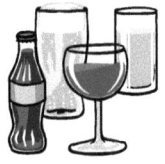

juomat
飲み物

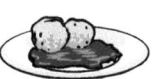

ruoka
食べ物

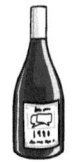

pullo
ボトル

pikaruoka

ファストフード

katuruoka

屋台の食べ物

teekannu

ティーポット

sokeriastia

砂糖入れ

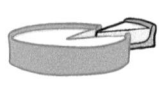

annos

一人前

espressokeitin

エスプレッソマシン

syöttötuoli

幼児用食事椅子

lasku

請求書

tarjotin

トレー

veitsi

ナイフ

haarukka

フォーク

lusikka

スプーン

teelusikka

ティースプーン

servietti

ナプキン

lasi

グラス

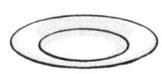

lautanen

皿

syvä lautanen

スープ皿

aluslautanen

受け皿

kastike

ソース

suolasirotin

塩入れ

pippurimylly

ペッパーミル

etikka

酢

öljy

油

mausteet

スパイス

ketsuppi

ケチャップ

sinappi

マスタード

majoneesi

マヨネーズ

supermarketti

スーパーマーケット

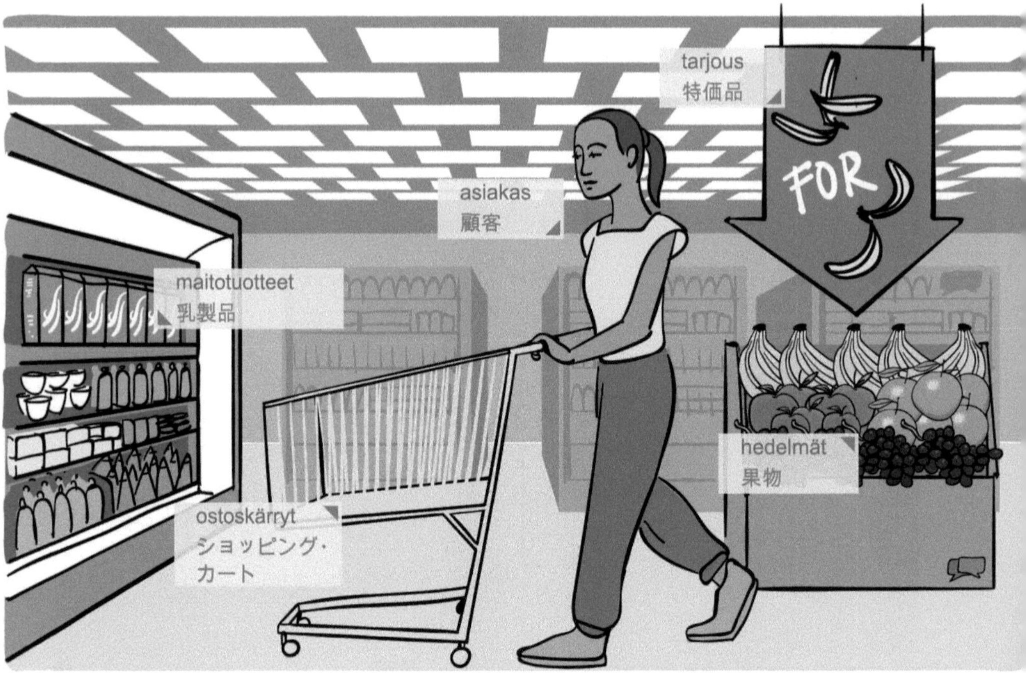

tarjous
特価品
FOR
asiakas
顧客
maitotuotteet
乳製品
hedelmät
果物
ostoskärryt
ショッピング・
カート

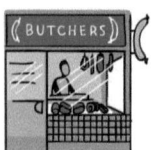

BUTCHERS

teurastamo

肉屋

BAKERY

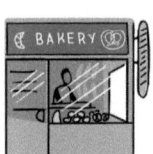

leipomo

パン屋

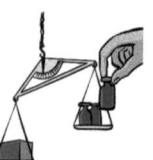

punnita

重さをはかる

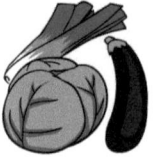

kasvikset

野菜

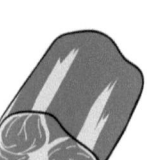

liha

肉

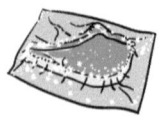

pakasteet

冷凍食品

leikkele

冷肉の薄切り

säilykkeet

缶詰食品

pesujauhe

洗剤

makeiset

菓子

kotitaloustarvikkeet

家庭用品

puhdistusaineet

清掃用品

myyjä

販売員

kassa

現金箱

kassanhoitaja

レジ係

ostoslista

買い物リスト

aukioloajat

開館時刻

lompakko

財布

luottokortti

クレジットカード

kassi

バッグ

muovipussi

ポリ袋

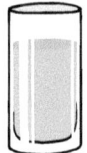

vesi

水

mehu

ジュース

maito

牛乳

kokis

コーラ

viini

ワイン

olut

ビール

alkoholi

アルコール

kaakao

ココア

tee

紅茶

kahvi

コーヒー

espresso

エスプレッソ

cappuccino

カプチーノ

banaani

バナナ

omena

リンゴ

appelsiini

オレンジ

meloni

メロン

sitruuna

レモン

porkkana

ニンジン

valkosipuli

ニンニク

bambu

竹

sipuli

玉ねぎ

sieni

キノコ

pähkinät

ナッツ

spagetti

ヌードル

spagetti

スパゲッティ

riisi

米

salaatti

サラダ

ranskalaiset

フライドポテト

paistetut perunat

フライドポテト

pitsa

ピザ

hampurilainen

ハンバーガー

voileipä

サンドウィッチ

leike

カツレツ

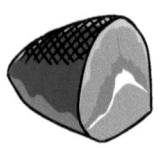

kinkku

ハム

salami

サラミ

makkara

ソーセージ

kana

鶏肉

paisti

焼き

kala

魚

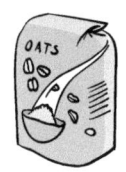

kaurahiutaleet

麦のお粥

mysli

ムーズリ

murot

コーンフレーク

jauho

小麦粉

voisarvi

クロワッサン

sämpylä

ロールパン

leipä

パン

paahtoleipä

トースト

keksit

ビスケット

voi

バター

rahka

カッテージチーズ

kakku

ケーキ

kananmuna

卵

paistettu kananmuna

目玉焼き

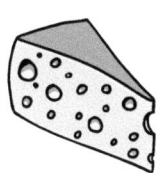

juusto

チーズ

jäätelö

アイスクリーム

sokeri

砂糖

hunaja

はちみつ

hillo

ジャム

suklaapähkinälevite

ヌガークリーム

curry

カレー

maatila
農場

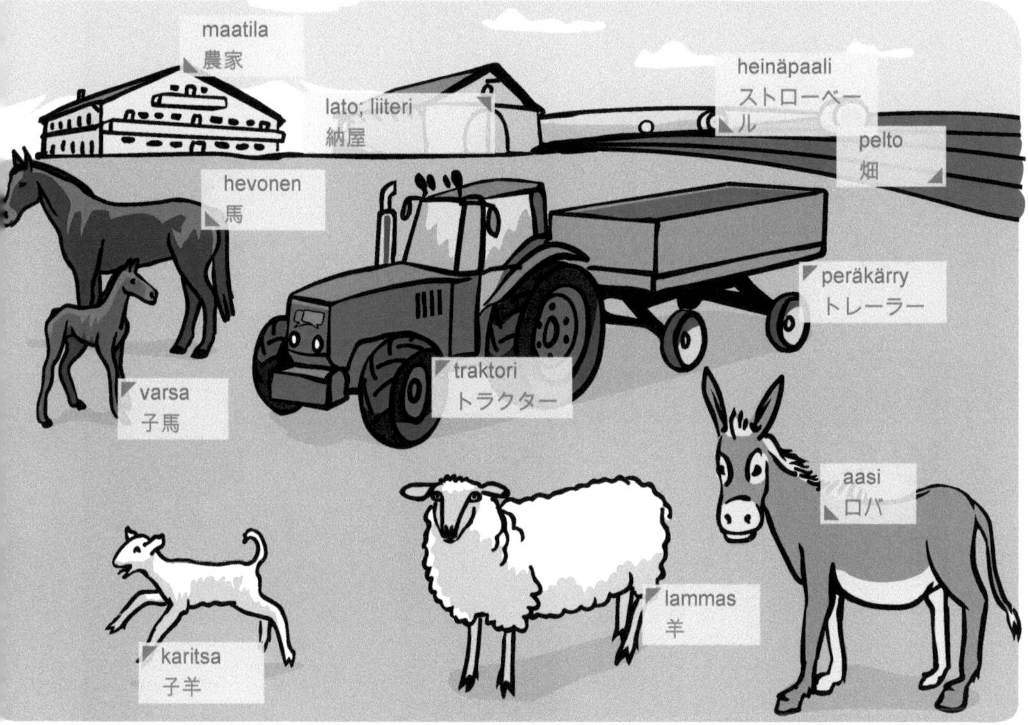
maatila
農家
lato; liiteri
納屋
heinäpaali
ストローベール
pelto
畑
hevonen
馬
peräkärry
トレーラー
traktori
トラクター
varsa
子馬
aasi
ロバ
lammas
羊
karitsa
子羊

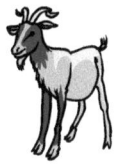

vuohi

ヤギ

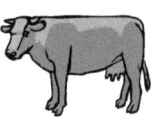

lehmä

雌牛

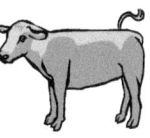

vasikka

子牛

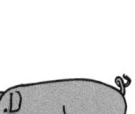

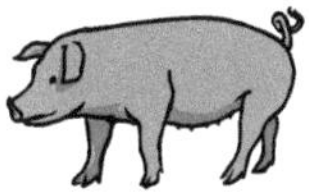

sika

豚

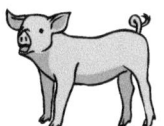

porsas

子豚

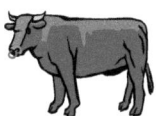

sonni

雄牛

hanhi

ガチョウ

ankka

アヒル

tipu

ひよこ

kana

にわとり

kukko

おんどり

rotta

ネズミ

kissa

猫

hiiri

ねずみ

härkä

雄牛

koira

犬

koirankoppi

犬小屋

puutarhaletku

散水ホース

kastelukannu

じょうろ

viikate

大鎌

aura

すき

sirppi

草刈り鎌

kuokka

くわ

talikko

堆肥用フォーク

kirves

斧

kottikärryt

手押し車

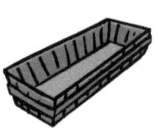

kaukalo

かいばおけ

maitokannu

牛乳缶

säkki

袋

aita

フェンス

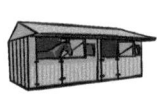

talli

畜舎

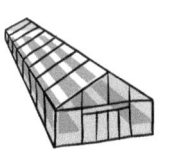

kasvihuone

温室

maa

土壌

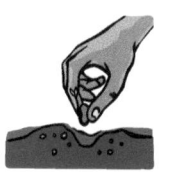

siemen

種

lannoite

肥料

leikkuupuimuri

コンバイン

kerätä sato

収穫する

sato

収穫

jamssit

ヤマイモ

vehnä

小麦

soija

大豆

peruna

じゃがいも

maissi

トウモロコシ

rypsi

菜種

hedelmäpuu

果樹

maniokki

キャッサバ

vilja

穀物

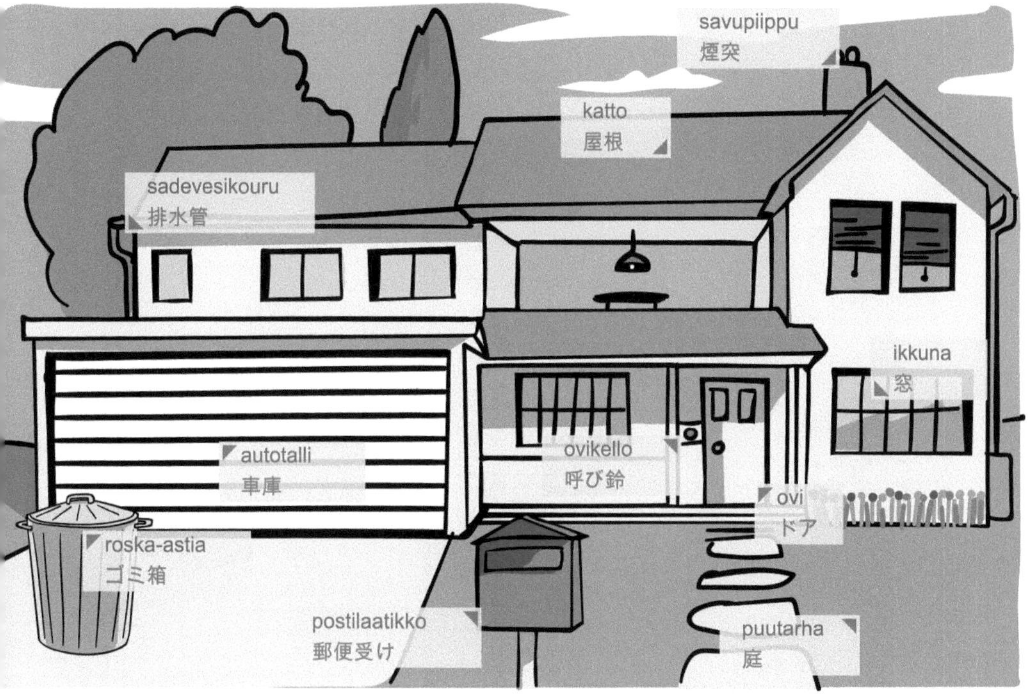

savupiippu
煙突

katto
屋根

sadevesikouru
排水管

ikkuna
窓

autotalli
車庫

ovikello
呼び鈴

ovi
ドア

roska-astia
ゴミ箱

postilaatikko
郵便受け

puutarha
庭

olohuone

リビングルーム

kylpyhuone

浴室

keittiö

台所

makuuhuone

寝室

lastenhuone

子供部屋

ruokahuone

ダイニング・ルーム

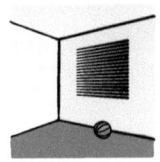

lattia

床

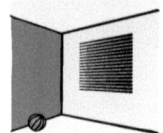

seinä

壁

katto

天井

kellari

地下貯蔵庫

sauna

サウナ

parveke

バルコニー

terassi

テラス

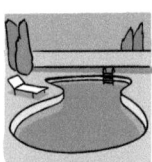

uima-allas

プール

ruohonleikkuri

芝刈り機

lakana

シーツ

päiväpeitto

ベッドカバー

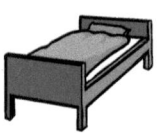

sänky

ベッド

harja

ほうき

ämpäri

バケツ

katkaisin

スイッチ

olohuone
リビングルーム

tapetti
壁紙
kuva
絵
lamppu
ランプ
hylly
棚
kaappi
食器棚
televisio
テレビ
takka
暖炉
kukka
花
tyyny
クッション
sohva
ソファ
maljakko
花瓶
kaukosäädin
リモコン

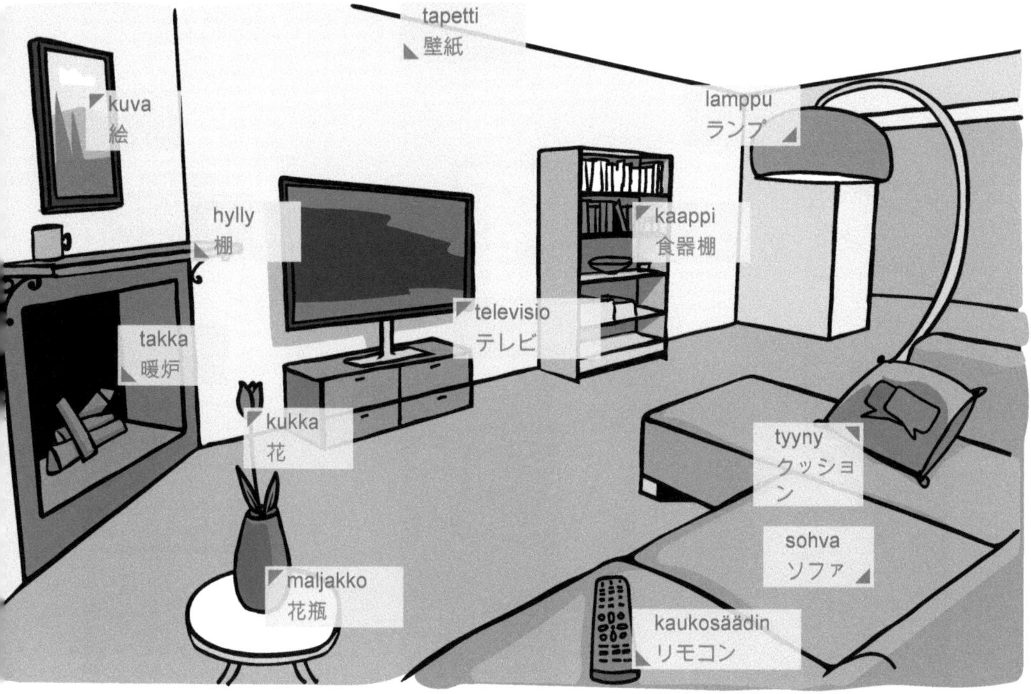

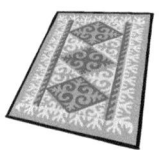

matto
カーペット

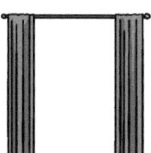

verho
カーテン

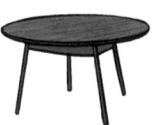

pöytä
テーブル

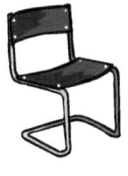

tuoli
椅子

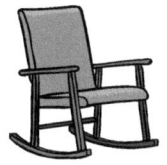

keinutuoli
ロッキングチェア

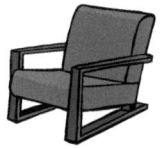

nojatuoli
ひじ掛け椅子

kirja

本

peitto

毛布

koriste

飾り

polttopuut

たきぎ

elokuva

映画

stereot

ステレオ

avain

鍵

sanomalehti

新聞

maalaus

絵画

juliste

ポスター

radio

ラジオ

muistivihko

メモ帳

pölynimuri

掃除機

kaktus

サボテン

kynttilä

ろうそく

keittiö
台所

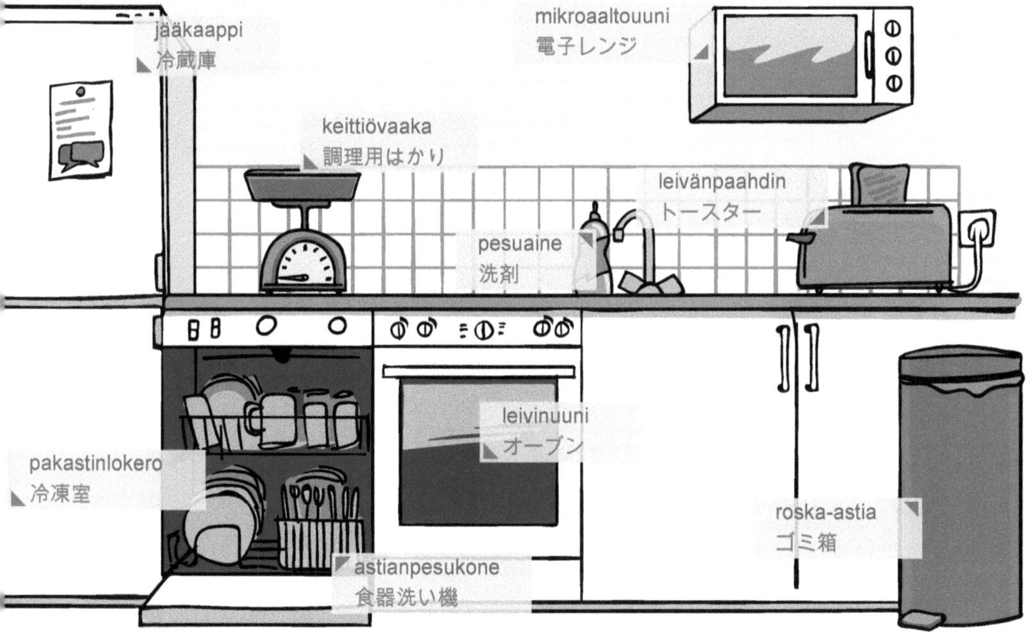
jääkaappi
冷蔵庫
mikroaaltouuni
電子レンジ
keittiövaaka
調理用はかり
leivänpaahdin
トースター
pesuaine
洗剤
leivinuuni
オーブン
pakastinlokero
冷凍室
roska-astia
ゴミ箱
astianpesukone
食器洗い機

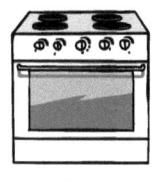

liesi

こんろ

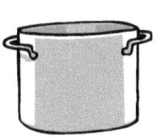

kattila

鍋

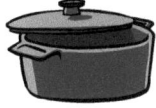

rautapata

鉄鍋

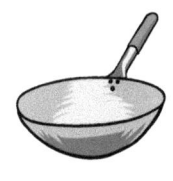

vokkipannu / kadai-pannu

中華鍋/ カダイ鍋

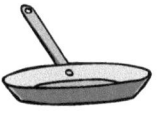

paistinpannu

フライパン

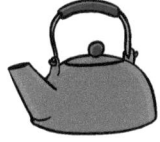

teepannu

やかん

höyrykeitin

蒸し器

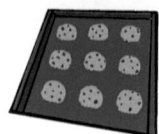

uunipelti

天板

astiat

食器

muki

マグカップ

kulho

ボウル

syömäpuikot

箸

kauha

おたま

paistinlasta

へら

vispilä

泡立て器

siivilä

こし器

siivilä

ふるい

raastin

すりおろし器

mortteli

すり鉢

grilli

バーベキュー

avotuli

かまど

leikkuulauta

まな板

kaulin

麺棒

korkinavaaja

栓抜き

purkki

缶

purkinavaaja

缶切り

pannulappu

鍋つかみ

lavuaari

流し

tiskiharja

ブラシ

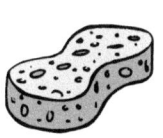

pesusieni

スポンジ

tehosekoitin

ミキサー

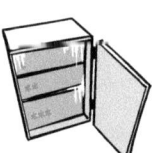

pakastin

冷凍庫

tuttipullo

哺乳瓶

vesihana

蛇口

kylpyhuone
浴室

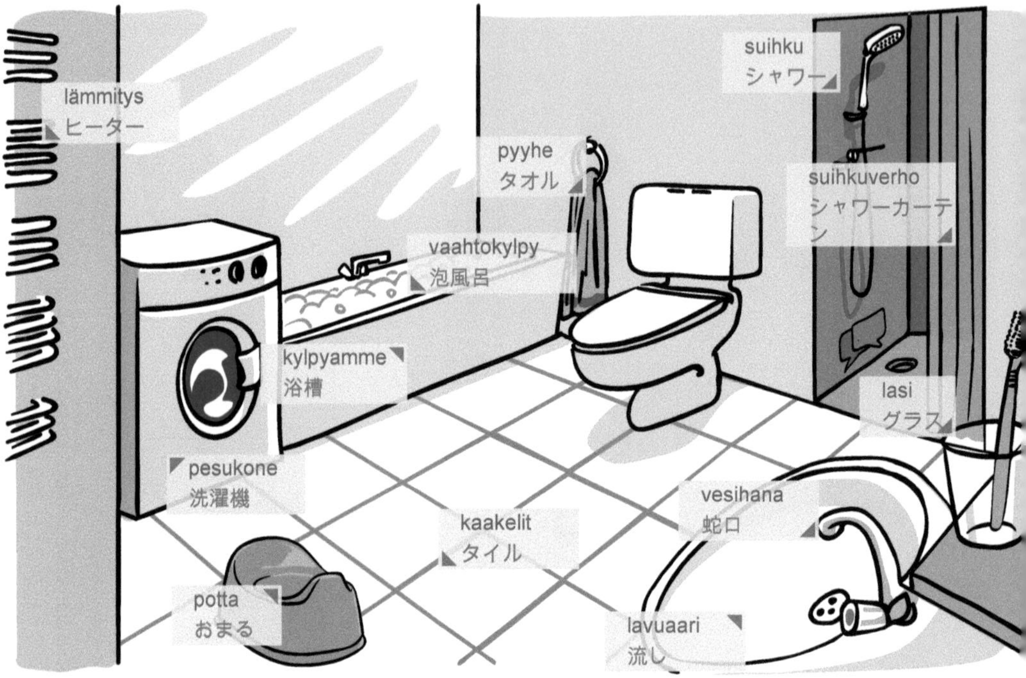

lämmitys
ヒーター

suihku
シャワー

pyyhe
タオル

suihkuverho
シャワーカーテン

vaahtokylpy
泡風呂

kylpyamme
浴槽

lasi
グラス

pesukone
洗濯機

kaakelit
タイル

vesihana
蛇口

potta
おまる

lavuaari
流し

vessa	kyykkyvessa	bidee
トイレ	和式トイレ	ビデ
pisuaari	vessapaperi	vessaharja
小便器	トイレットペーパー	トイレブラシ

hammasharja

歯ブラシ

hammastahna

歯みがき

hammaslanka

デンタルフロス

pestä

洗う

käsisuihku

シャワーヘッド

intiimisuihku

ハンドビデ

pesuvati

洗面台

selkäharja

ボディブラシ

saippua

石鹸

suihkugeeli

シャワー用ジェル

shampoo

シャンプー

pesulappu

浴用タオル

viemäri

排水口

voide

クリーム

deodorantti

消臭

peili

鏡

käsipeili

手鏡

partaveitsi

かみそり

partavaahto

シェービング・フォーム

partavesi

アフターシェーブローション

kampa

櫛

harja

ブラシ

hiustenkuivaaja

ドライヤー

hiuslakka

ヘアスプレー

meikki

化粧

huulipuna

口紅

kynsilakka

マニキュア

pumpuli

脱脂綿

kynsisakset

爪切り

hajuvesi

香水

kosmetiikkalaukku

洗面用具入れ

jakkara

スツール

vaaka

体重計

kylpytakki

バスローブ

kumihansikkaat

ゴム手袋

tamponi

タンポン

terveysside

生理用ナプキン

kemiallinen wc

ケミカルトイレ

lastenhuone

子供部屋

herätyskello
目覚まし時計
pehmolelu
ぬいぐるみ
leikkiauto
おもちゃの自動車
helistin
がらがら
nukkekoti
ドール・ハウス
lahja
プレゼント

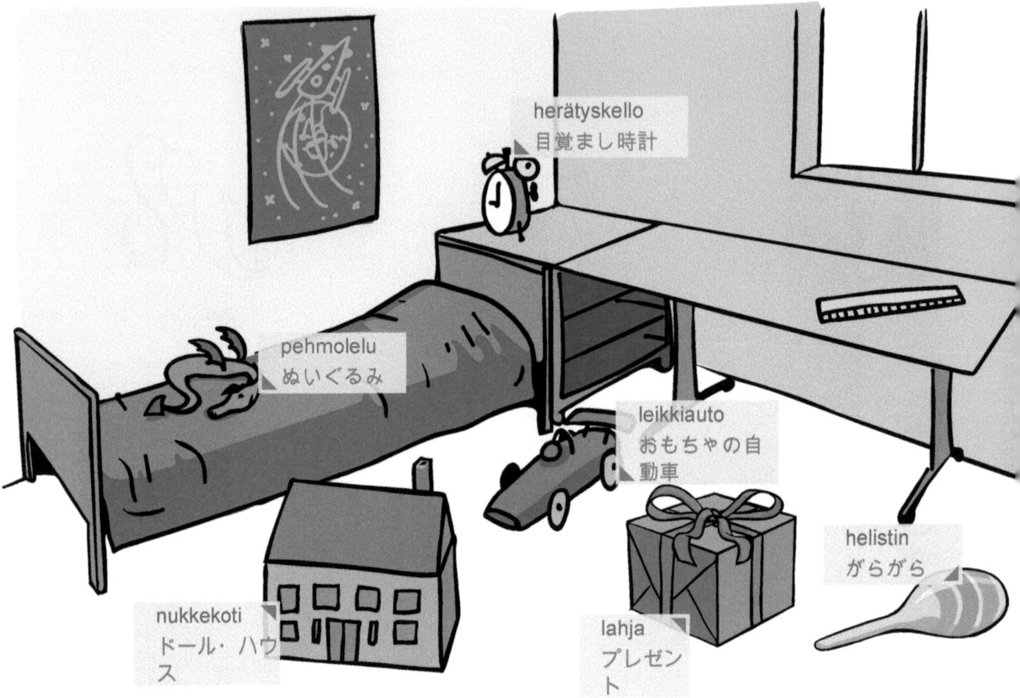

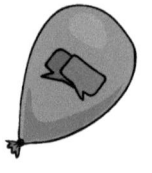

ilmapallo

風船

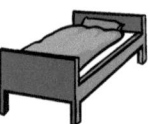

sänky

ベッド

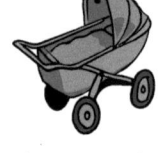

lastenvaunut

ベビーカー

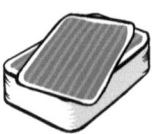

korttipeli

カードゲーム

palapeli

ジグソーパズル

SUPER
MEGA

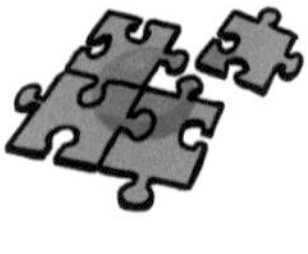

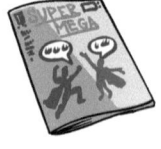

sarjakuva

漫画

legopalikat

レゴ

rakennuspalikat

玩具ブロック

supersankari

アクションフィギュア

potkupuku

ロンパース

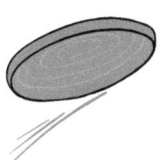

frisbee

フリスビー

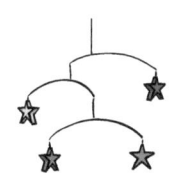

mobile

モバイル

lautapeli

ボードゲーム

noppa

さいころ

pienoisjunarata

鉄道模型

tutti

おしゃぶり

juhlat

パーティー

kuvakirja

絵本

pallo

ボール

nukke

人形

leikkiä

遊ぶ

hiekkalaatikko

砂場

keinu

ブランコ

lelut

おもちゃ

pelikonsoli

ゲーム機

kolmipyörä

三輪車

nalle

テディベア

vaatekaappi

衣装ダンス

vaatteet

衣服

sukat

靴下

nylonsukat

ストッキング

sukkahousut

タイツ

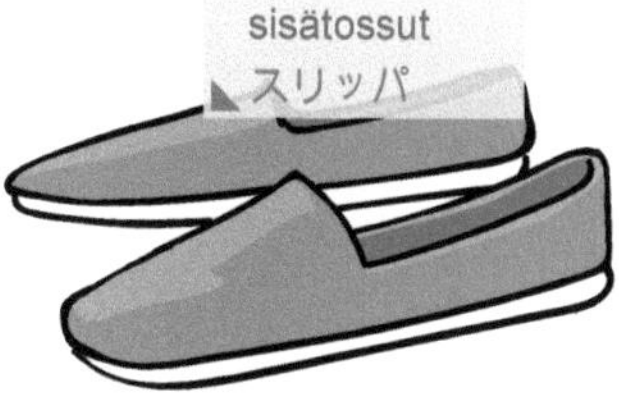

kaulaliina
スカーフ

sateenvarjo
雨傘

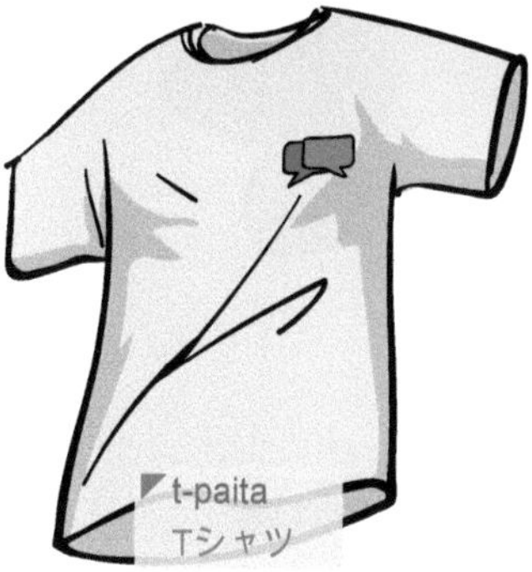

t-paita
Tシャツ

vyö
ベルト

lenkkarit
スニーカー

saappaat
ブーツ

sisätossut
スリッパ

sandaalit
サンダル

kengät
靴

kumisaappaat
ゴム長靴

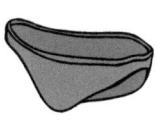

alushousut
パンツ

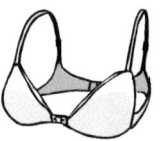

rintaliivit
ブラ

aluspaita
ベスト

body
ボディースーツ

housut
ズボン

farkut
ジーンズ

hame
スカート

pusero
ブラウス

paita
シャツ

villapaita
セーター

collegepaita
パーカー

jakku
ブレザー

takki
ジャケット

takki
コート

sadetakki
レインコート

puku
服装

mekko
ドレス

hääpuku
ウェディングドレス

puku

スーツ

yöpaita

ナイトガウン

pyjama

パジャマ

shari

サリー

päähuivi

ヘッドスカーフ

turbaani

ターバン

burka

ブルカ

kaftaani

カフタン

abaya

アバヤ

uimapuku

水着

uimahousut

トランクス

shortsit

半ズボン

verkkarit

スウェットスーツ

esiliina

エプロン

käsineet

手袋

nappi

ボタン

silmälasit

メガネ

rannekoru

ブレスレット

kaulakoru

ネックレス

sormus

指輪

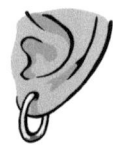

korvakoru

イヤリング

lippalakki

帽子

ripustin

ハンガー

hattu

帽子

solmio

ネクタイ

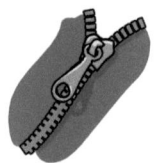

vetoketju

ファスナー

kypärä

ヘルメット

henkselit

サスペンダー

koulupuku

制服

univormu

ユニフォーム

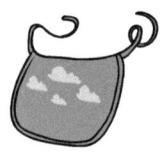

ruokalappu

よだれかけ

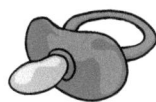

tutti

おしゃぶり

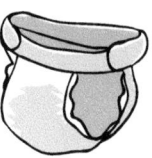

vaippa

おむつ

toimisto
オフィス

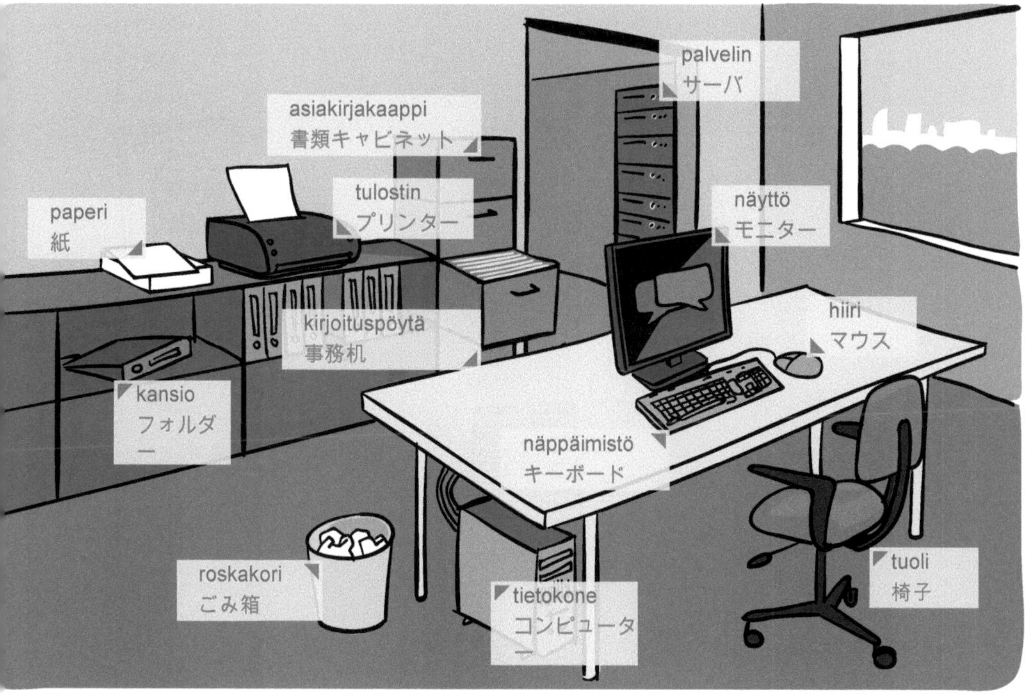
palvelin
サーバ
asiakirjakaappi
書類キャビネット
tulostin
プリンター
paperi
紙
näyttö
モニター
kirjoituspöytä
事務机
hiiri
マウス
kansio
フォルダー
näppäimistö
キーボード
roskakori
ごみ箱
tietokone
コンピューター
tuoli
椅子

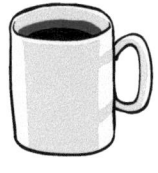

kahvimuki

コーヒーマグ

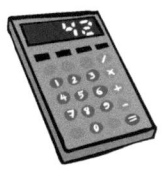

taskulaskin

計算機

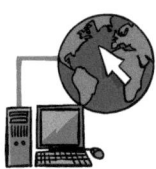

internet

インターネット

kannettava tietokone

ラップトップ

kirje

手紙

viesti

メッセージ

kännykkä

携帯電話

verkko

ネットワーク

kopiokone

コピー機

ohjelmisto

ソフトウェア

puhelin

電話

pistorasia

コンセント

faksi

ファックス

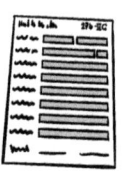

lomake

フォーム

asiakirja

書類

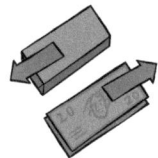

ostaa
買う

maksaa
支払う

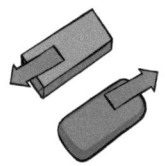

vaihtaa
取引する

raha
お金

dollari
ドル

euro
ユーロ

jeni
円

rupla
ルーブル

frangi
スイスフラン

renminbi juan
人民元

rupia
ルピー

pankkiautomaatti
キャッシュポイント

rahanvaihto

両替所

kulta

金

hopea

銀

öljy

油

energia

エネルギー

hinta

価格

sopimus

契約

vero

税金

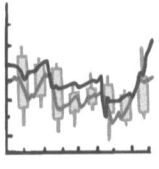

osake

株

työskennellä

働く

työntekijä

従業員

työnantaja

雇用主

tehdas

工場

liike

ショップ

ammatit
職業

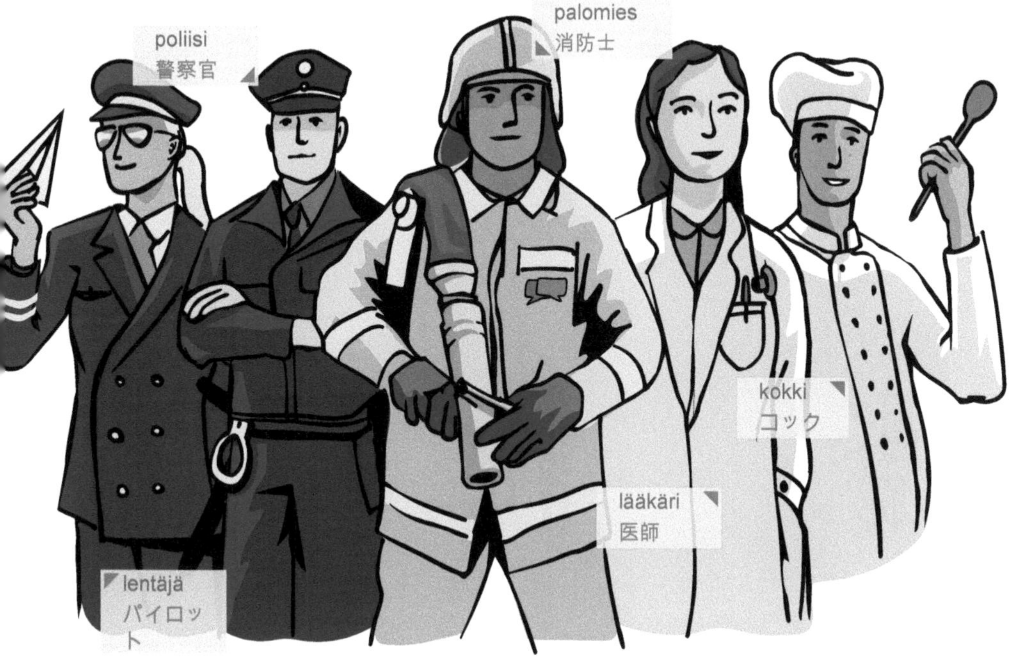
palomies
消防士
poliisi
警察官
kokki
コック
lääkäri
医師
lentäjä
パイロット

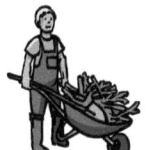

puutarhuri
庭師

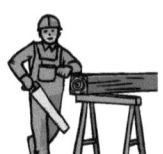

puuseppä
大工

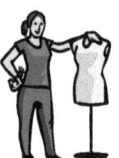

ompelija
お針子

tuomari
裁判官

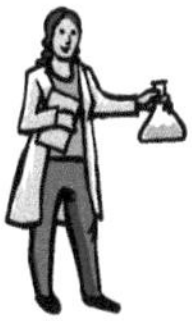

kemisti
化学者

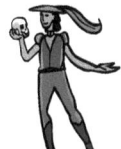

näyttelijä
俳優

linja-autonkuljettaja

バスの運転手

taksinkuljettaja

タクシー運転手

kalastaja

漁師

siivooja

掃除婦

katontekijä

屋根ふき職人

tarjoilija

ウェイター

metsästäjä

ハンター

maalari

塗装工

leipuri

パン屋

sähköasentaja

電気工

rakentaja

建設作業員

insinööri

エンジニア

teurastaja

肉屋

putkiasentaja

配管工

postinjakaja

郵便配達人

sotilas

軍人

arkkitehti

建築家

kassanhoitaja

レジ係

floristi

花屋

kampaaja

美容師

konduktööri

車掌

mekaanikko

機械工

kapteeni

キャプテン

hammaslääkäri

歯科医

tiedemies

科学者

rabbi

ラビ

imaami

イスラム導師

munkki

修道士

pappi

牧師

työkalut
道具

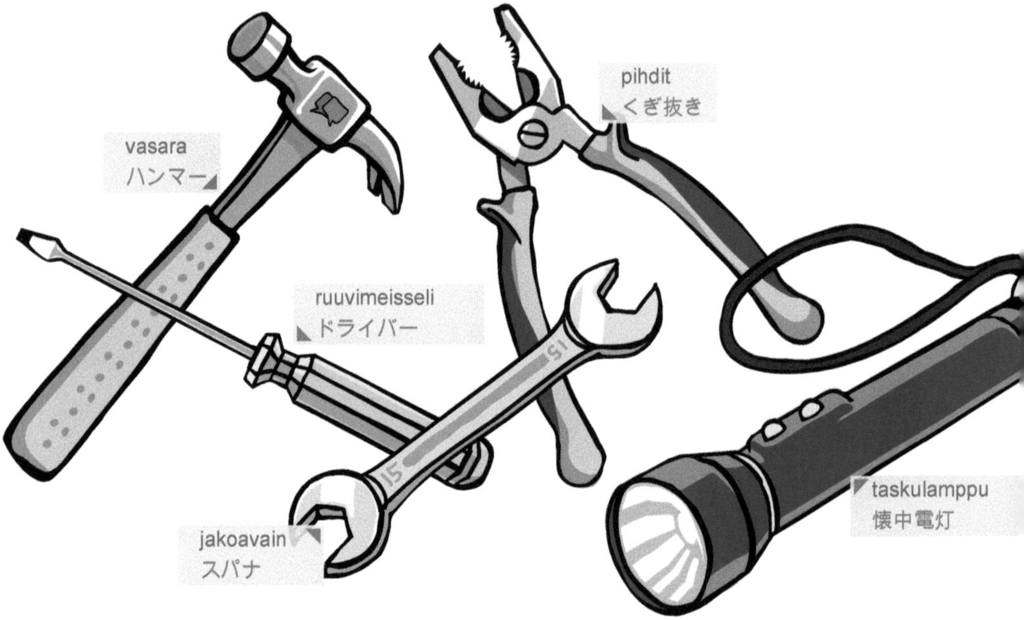

pihdit
くぎ抜き
vasara
ハンマー
ruuvimeisseli
ドライバー
taskulamppu
懐中電灯
jakoavain
スパナ

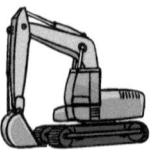

kaivinkone

掘削機

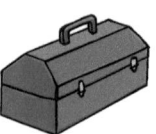

työkalupakki

道具箱

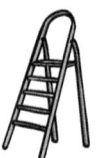

tikkaat

はしご

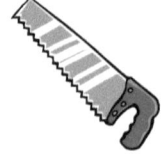

saha

のこぎり

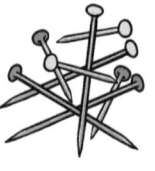

naulat

釘

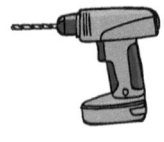

pora

ドリル

korjata
修理する

lapio
シャベル

Hitto!
クソ！

rikkalapio
ちりとり

maalipurkki
ペンキ缶

ruuvit
ネジ

soittimet
楽器

kaiuttimet
スピーカー

rummut
打楽器 ◢

kontrabasso
コントラバス

trumpetti
トランペット

kitara
ギター ◢

piano

ピアノ

viulu

バイオリン

basso

バス

patarummut

ティンパニ

rumpu

ドラム

kosketinsoitin

キーボード

saksofoni

サックス

huilu

フルート

mikrofoni

マイクロフォン

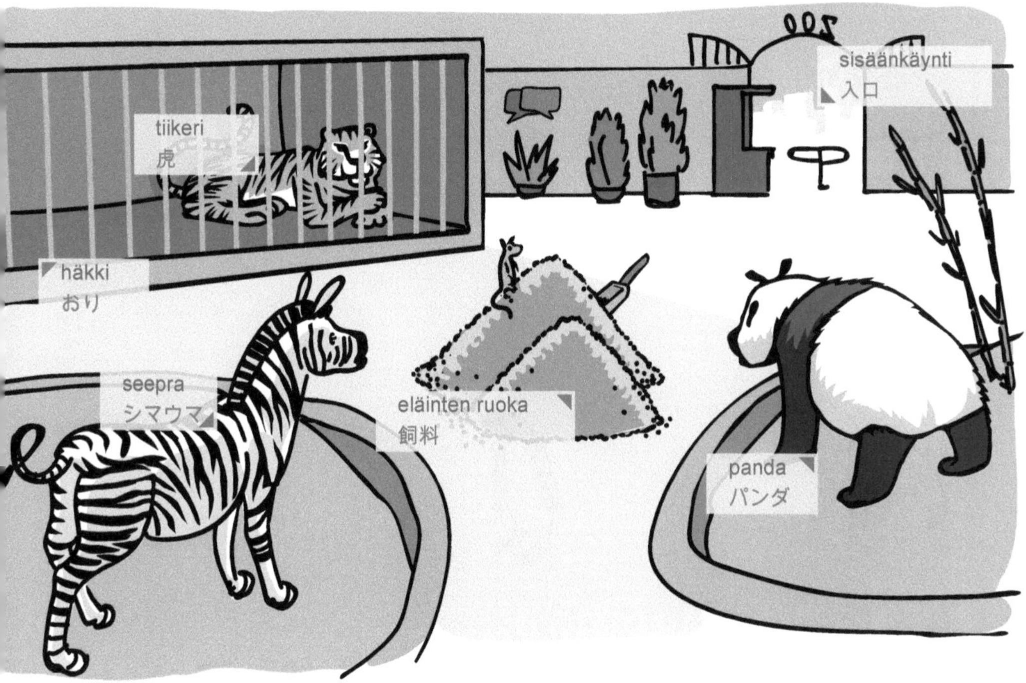

tiikeri
虎

sisäänkäynti
入口

häkki
おり

seepra
シマウマ

eläinten ruoka
飼料

panda
パンダ

eläimet

動物

norsu

象

kenguru

カンガルー

sarvikuono

サイ

gorilla

ゴリラ

karhu

熊

kameli

ラクダ

strutsi

ダチョウ

leijona

ライオン

apina

猿

flamingo

フラミンゴ

papukaija

オウム

jääkarhu

白クマ

pingviini

ペンギン

hai

サメ

riikinkukko

クジャク

käärme

蛇

krokotiili

ワニ

eläintarhanhoitaja

飼育係

hylje

アザラシ

jaguaari

ジャガー

poni

ポニー

leopardi

ヒョウ

virtahepo

カバ

kirahvi

キリン

kotka

鷲

villisika

雄豚

kala

魚

kilpikonna

亀

mursu

セイウチ

kettu

狐

gaselli

ガゼル

amerikkalainen jalkapallo
アメフト

pyöräily
サイクリング

tennis
テニス

koripallo
バスケットボール

uinti
水泳

jääkiekko
アイスホッケー

nyrkkeily
ボクシング

jalkapallo

サッカー

sulkapallo

バドミントン

yleisurheilu

陸上競技

käsipallo

ハンドボール

hiihto

スキー

poolo

ポロ

hypätä
跳ぶ

nauraa
笑う

halata
抱きしめる

kävellä
歩く

laulaa
歌う

unelmoida
夢見る

rukoilla
祈る

suudella
キス

kirjoittaa

書く

piirtää

描く

näyttää

示す

painaa

押す

antaa

与える

ottaa

取る

omistaa

持っている

tehdä

する

olla

ある

seisoa

立つ

juosta

走る

vetää

引く

heittää

投げる

kaatua

落ちる

maata

横たわっている

odottaa

待つ

kantaa

運ぶ

istua

座る

pukeutua

着る

nukkua

眠る

herätä

目が覚める

katsoa

見る

itkeä

泣く

silittää

なでる

kammata

櫛ですく

puhua

話す

ymmärtää

理解する

kysyä

質問する

kuunnella

聞く

juoda

飲む

syödä

食べる

siivota

片づける

rakastaa

愛する

keittää

料理する

ajaa

運転する

lentää

飛ぶ

purjehtia

ヨットに乗る

laskea

計算する

lukea

読む

oppia

学ぶ

työskennellä

働く

mennä naimisiin

結婚する

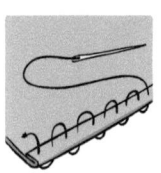

ommella

縫う

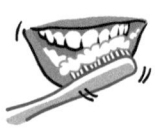

pestä hampaat

歯を磨く

tappaa

殺す

tupakoida

喫煙する

lähettää

送る

mummo
祖母

ukki
祖父

isä
父

äiti
母

vauva
赤ん坊

tytär
娘

poika
息子

vieras

お客様

täti

おば

setä

おじ

veli

兄弟

sisko

姉妹

vartalo
体

otsa
ひたい
silmä
目
olkapää
肩
sormet
指
kasvot
顔
leuka
あご
käsi
手
jalka
脚
rinta
胸
käsivarsi
腕

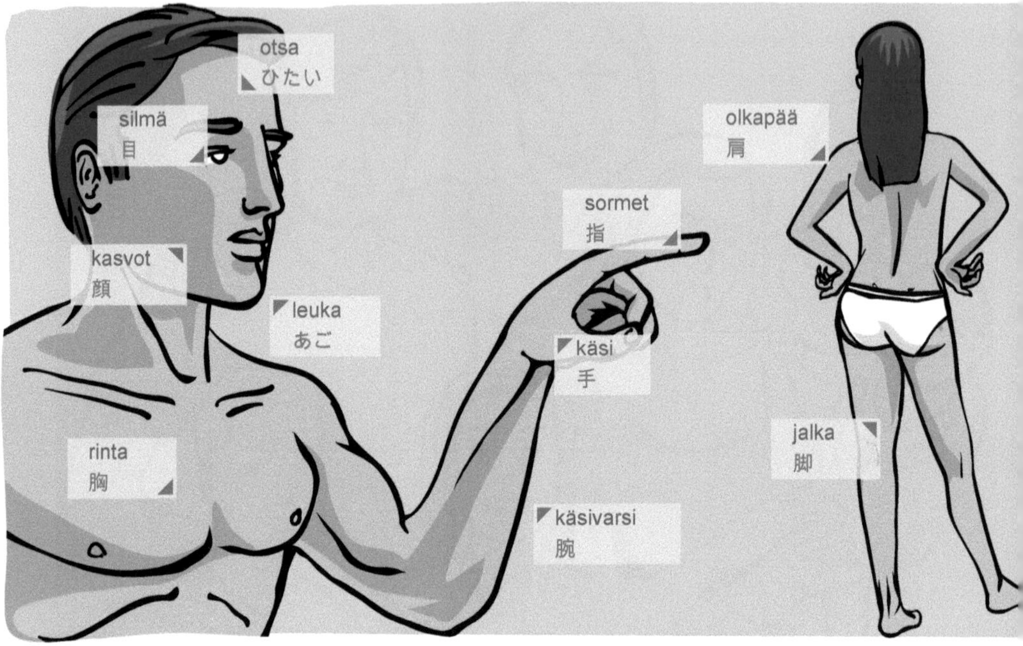

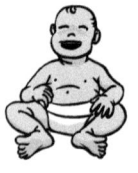

vauva

赤ん坊

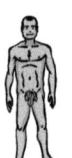

mies

男性

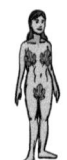

nainen

女性

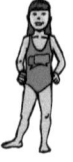

tyttö

少女

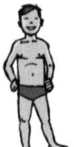

poika

少年

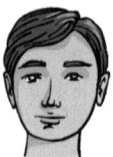

pää

頭

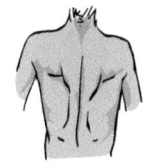

selkä

背中

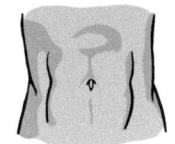

maha

腹

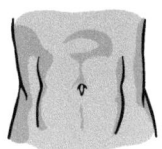

napa

へそ

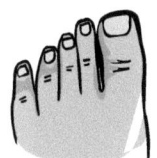

varvas

足指

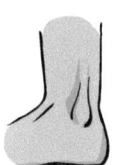

kantapää

かかと

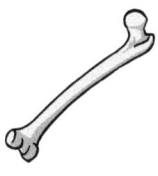

luu

骨

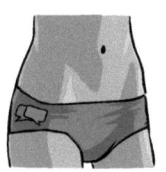

lantio

腰

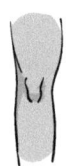

polvi

ひざ

kyynärpää

ひじ

nenä

鼻

takapuoli

尻

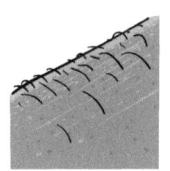

iho

皮膚

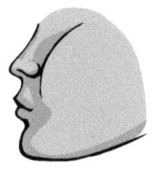

poski

頬

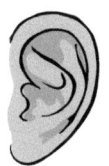

korva

耳

huuli

唇

suu

口

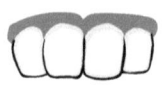

hammas

歯

kieli

舌

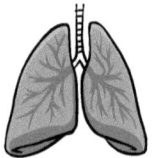

aivot

脳

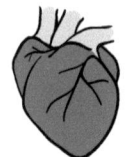

sydän

心臓

lihas

筋肉

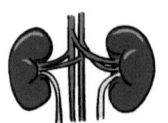

keuhkot

肺

maksa

肝臓

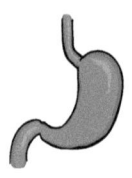

vatsa

胃

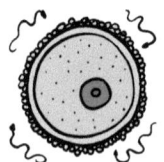

munuaiset

腎臓

seksi

セックス

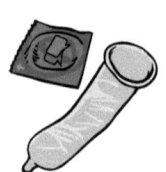

kondomi

コンドーム

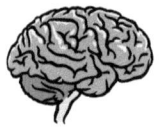

munasolu

卵細胞

sperma

精液

raskaus

妊娠

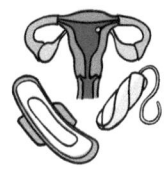

kuukautiset

月経

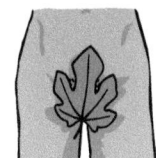

vagina

膣

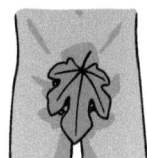

penis

ペニス

kulmakarvat

眉

hiukset

髪

niska

首

sairaala
病院

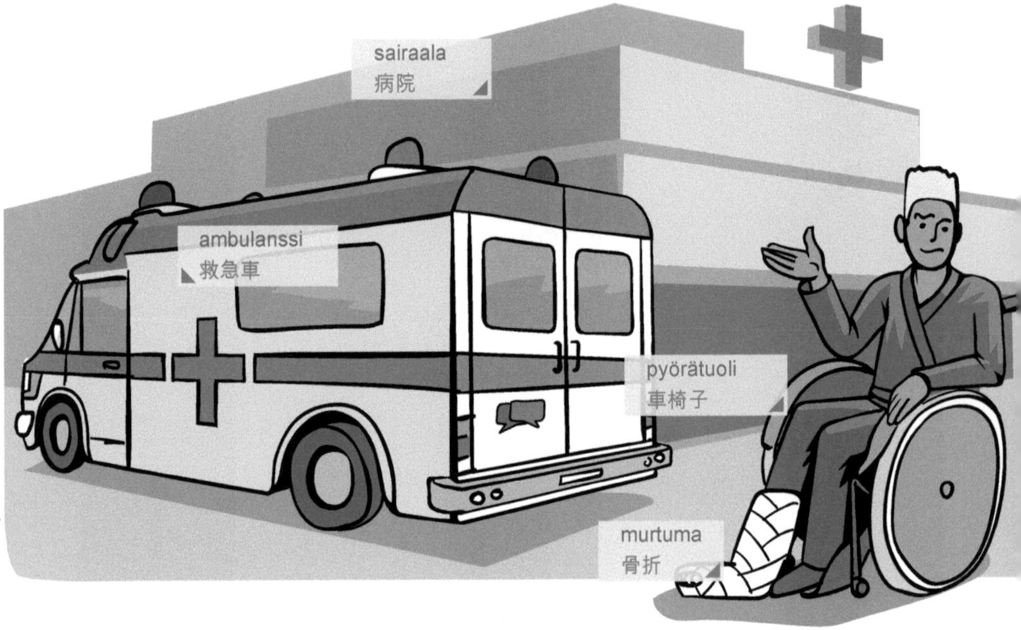

sairaala
病院
ambulanssi
救急車
pyörätuoli
車椅子
murtuma
骨折

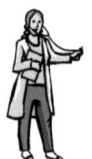

lääkäri
医師

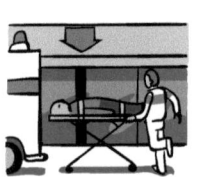

ensiapu
救急治療室

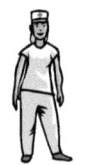

sairaanhoitaja
看護師

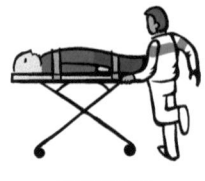

hätätilanne
救急

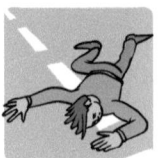

tajuton
失神

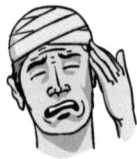

kipu
痛み

vamma

けが

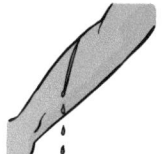

verenvuoto

出血

sydänkohtaus

心臓発作

aivoinfarkti

脳卒中

allergia

アレルギー

yskä

咳

kuume

熱

flunssa

インフルエンザ

ripuli

下痢

päänsärky

頭痛

syöpä

癌

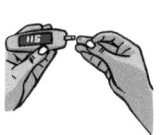

diabetes

糖尿病

kirurgi

外科医

veitsi

外科用メス

leikkaus

手術

ct

CT

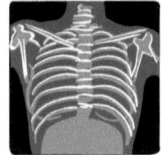

röntgen

レントゲン

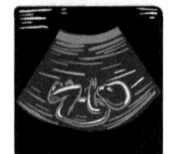

ultraääni

超音波

maski

マスク

sairaus

病気

odotushuone

待合室

sauva

松葉づえ

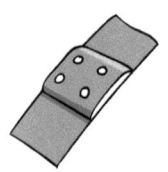

laastari

ばんそうこう

side

包帯

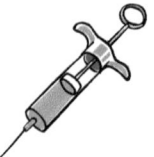

pistos

注射

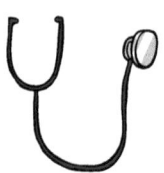

stetoskooppi

聴診器

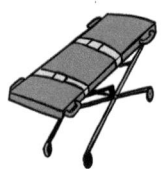

paarit

担架

kuumemittari

体温計

syntymä

出産

ylipaino

肥満

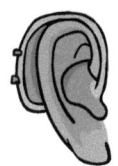

kuulolaite

補聴器

desinfiointiaine

消毒剤

infektio

感染

virus

ウイルス

HIV / AIDS

HIV / エイズ

lääke

内服薬

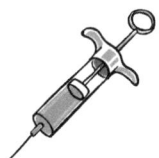

rokotus

予防接種

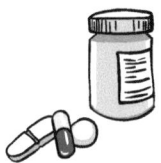

tabletit

錠剤

pilleri

ピル

hätäpuhelu

緊急電話

verenpainemittari

血圧計

sairas / terve

病気の ／ 健康な

Apua!

助けて！

hälytys

アラーム

ryöstö

暴行

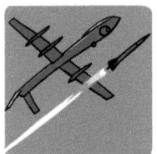

hyökkäys

攻撃

vaara

危険

hätäuloskäynti

非常口

Tulipalo!

火事だ！

palosammutin

消火器

onnettomuus

事故

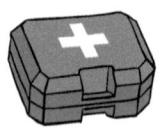

ensiapulaukku

救急箱

SOS

SOS

poliisilaitos

警察

Eurooppa

ヨーロッパ

Pohjois-Amerikka

北米

Etelä-Amerikka

南米

Afrikka

アフリカ

Aasia

アジア

Australia

オーストラリア

Atlantin valtameri

大西洋

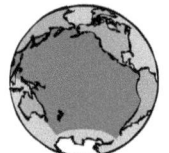

Tyynimeri

太平洋

Intian valtameri

インド洋

Eteläinen jäämeri

南極海

Pohjoinen jäämeri

北極海

pohjoisnapa

北極

etelänapa

南極

Antarktis

南極大陸

maa

地球

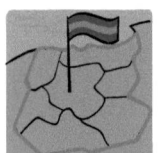

maa

陸

meri

海

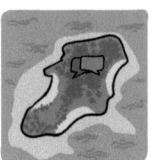

saari

島

kansa

国家

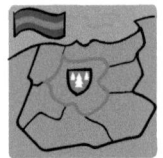

osavaltio

国家

kellotaulu

文字盤

tuntiviisari

短針

minuuttiviisari

長針

sekuntiviisari

秒針

Paljonko kello on?

何時ですか？

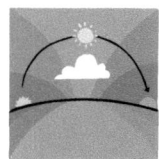

päivä

日

aika

時間

nyt

現在

digitaalikello

デジタル時計

minuutti

分

tunti

時間

maanantai
月曜

keskiviikko
水曜

perjantai
金曜

tiistai
火曜

lauantai
土曜

torstai
木曜

sunnuntai
日曜

eilen
昨日

tänään
今日

huomenna
明日

aamu
朝

keskipäivä
昼

ilta
夜

työpäivät
営業日

viikonloppu
週末

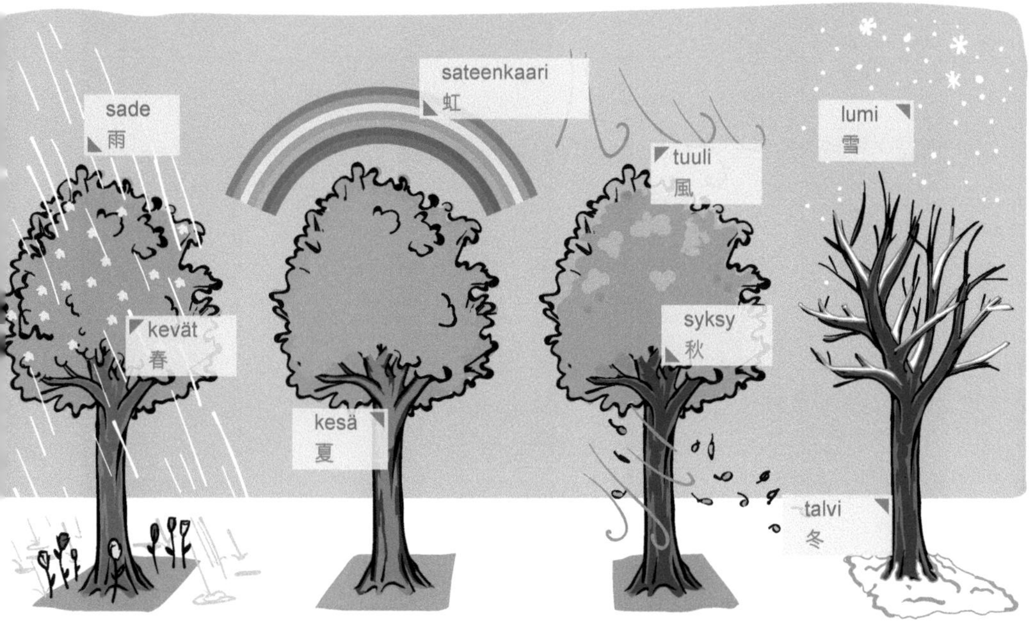

sade
雨
sateenkaari
虹
tuuli
風
lumi
雪
kevät
春
syksy
秋
kesä
夏
talvi
冬

4.APRIL 11°
5.APRIL 4°
6.APRIL 13°
7.APRIL 8°
8.APRIL 10°

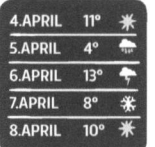

sääennuste

天気予報

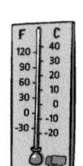

lämpömittari

温度計

auringonpaiste

日差し

pilvi

雲

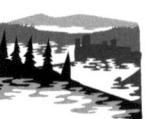

sumu

霧

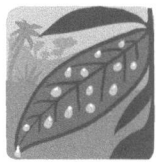

ilmankosteus

湿度

salama

雷

ukkonen

雷

myrsky

嵐

rae

ひょう

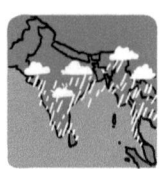

monsuuni

季節風

tulva

洪水

jää

氷

tammikuu

1月

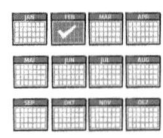

helmikuu

2月

maaliskuu

3月

huhtikuu

4月

toukokuu

5月

kesäkuu

6月

heinäkuu

7月

elokuu

8月

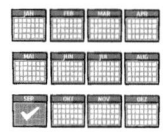

syyskuu

9月

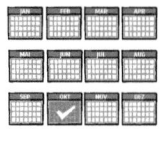

lokakuu

10月

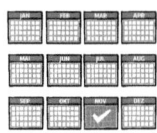

marraskuu

11月

joulukuu

12月

muodot

形

ympyrä

円

neliö

正方形

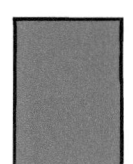

suorakulmio

長方形

kolmio

三角

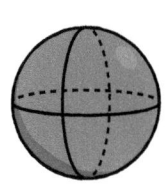

pallo

球

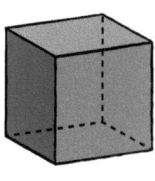

kuutio

立方体

värit

色

valkoinen

白

keltainen

黄

oranssi

オレンジ

vaaleanpunainen

ピンク

punainen

赤

violetti

紫

sininen

青

vihreä

緑

ruskea

茶

harmaa

灰色

musta

黒

paljon / vähän

多い / 少ない

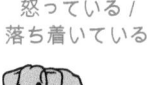

vihainen / ystävällinen

怒っている /
落ち着いている

kaunis / ruma

美しい / 醜い

alku / loppu

初め / 終わり

suuri / pieni

大きい / 小さい

vaalea / tumma

明るい / 暗い

veli / sisko

兄弟 / 姉妹

puhdas / likainen

清潔な / 汚い

täydellinen / epätäydellinen

完全な / 不完全な

päivä / yö

日中 / 夜

kuollut / elävä

死んだ / 生きている

leveä / kapea

幅広い / 狭い

syötävä / syömäkelvoton

食べられる　/
食べられない

paha / kiltti

悪意のある　/　親切な

innostunut / tylsistynyt

興奮している　/
退屈している

lihava / laiha

太った　/　痩せた

ensimmäinen / viimeinen

最初に　/　最後に

ystävä / vihollinen

友人　/　敵

täysi / tyhjä

いっぱいの　/　空の

kova / pehmeä

硬い　/　柔らかい

painava / kevyt

重い　/　軽い

nälkä / jano

空腹　/　喉の渇き

sairas / terve

病気の　/　健康な

laiton / laillinen

違法な　/　合法な

älykäs / tyhmä

賢い　/　愚かな

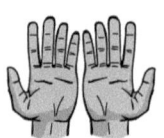

vasen / oikea

左に　/　右に

lähellä / kaukana

近い　/　遠い

uusi / käytetty

新しい / 中古の

ei mitään / jotain

何もない / 何かある

vanha / nuori

老いた / 若い

päällä / pois päältä

オン / オフ

auki / kiinni

開いている /
閉まっている

hiljainen / äänekäs

静かな / うるさい

rikas / köyhä

裕福な / 貧乏な

oikein / väärin

正しい / 間違っている

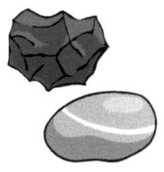

karhea / sileä

粗い / なめらか

surullinen / iloinen

悲しい / 幸せな

lyhyt / pitkä

短い / 長い

hidas / nopea

ゆっくり / 速い

märkä / kuiva

濡れた / 乾いた

lämmin / viileä

温かい / 冷たい

sota / rauha

戦争 / 平和

0

nolla

ゼロ

1

yksi

1

2

kaksi

2

3

kolme

3

4

neljä

4

5

viisi

5

6

kuusi

6

7

seitsemän

7

8

kahdeksan

8

9

yhdeksän

9

10

kymmenen

10

11

yksitoista

11

12

kaksitoista

12

13

kolmetoista

13

14

neljätoista

14

15

viisitoista

15

16

kuusitoista

16

17

seitsemäntoista

17

18

kahdeksantoista

18

19

yhdeksäntoista

19

20

kaksikymmentä

20

100

sata

100

1.000

tuhat

1000

1.000.000

miljoona

100万

englanti

英語

amerikanenglanti

アメリカ英語

mandariinikiina

中国標準語

hindi

ヒンディー語

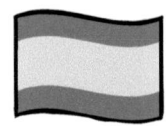

espanja

スペイン語

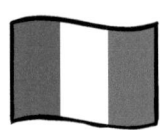

ranska

フランス語

arabia

アラビア語

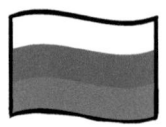

venäjä

ロシア語

portugali

ポルトガル語

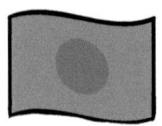

bengali

ベンガル語

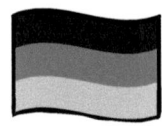

saksa

ドイツ語

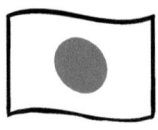

japani

日本語

minä

私

sinä

あなた

hän

彼 / 彼女 / それ

me

私たち

te

あなたたち

he

彼ら

kuka?

誰？

mitä / mikä?

何？

miten?

どうやって？

missä?

どこ？

milloin?

いつ？

nimi

名前

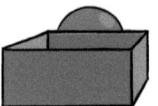

takana

後ろ

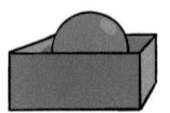

sisällä

中

edessä

前

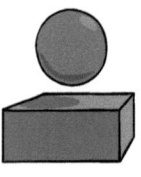

yläpuolella

上

päällä

上

alapuolella

下

vieressä

横

välissä

間

paikka

場所